Dieses Buch gehört

Ela

# Büchersterne

Liebe Eltern,

Lesenlernen ist eine Meisterleistung. Es gelingt nur Schritt für Schritt. Unsere Erstlesebücher in drei Lesestufen unterstützen Ihr Kind dabei optimal. In den Büchern für die 1./2. Klasse erleichtern kurze Sinnabschnitte das Lesen, und viele Bilder unterstützen das Leseverstehen.
Mit beliebten Kinderbuchfiguren von bekannten Autorinnen und Autoren macht das Lesenlernen Spaß. 16 Seiten Leserätsel im Buch laden zu einer spielerischen Auseinandersetzung mit dem Text ein.
So werden aus Leseanfängern Leseprofis!

*Manfred Wespel*

Prof. Dr. Manfred Wespel

PS: Weitere Übungen, Rätsel und Spiele gibt es auf www.LunaLeseprofi.de. Den Schlüssel zu Lunas Welt finden Sie auf Seite 55.

## Büchersterne – damit das Lesenlernen Spaß macht!

Mit Büchersterne-Rätselwelt

Ursel Scheffler

Paula auf dem Ponyhof

# Keine Angst, kleines Pony!

Bilder von
Julia Gerigk

Verlag Friedrich Oetinger · Hamburg

# Inhalt

# 1. Herbst auf dem Ponyhof

Es ist Herbst.
Die Storchenfamilie
auf dem Dach des Pferdestalls
startet in den Süden.

Dafür kommen jetzt neue Gäste
auf Tante Elfies Ponyhof:
Paula und ihre Freundin Sine.
Sie haben eine Woche Ferien.

Die beiden Mädchen
beziehen wieder
ihre Dachzimmer im Ponyhof.

„Beeil dich", sagt Paula zu Sine.
„Auspacken kannst du später.
Zieh schnell die Reitsachen an.
Jan reitet gleich zur alten Mühle.
Er hat gefragt, ob wir mitkommen."

6

Schnell wie der Wind
schlüpft Sine in die Reithosen.
Mit Paulas Cousin Jan
würde sie überallhin reiten!
Den findet sie obercool.
Schon immer.

Keine fünf Minuten später
sind die beiden Mädchen
am Pferdestall.

Sternschnuppe und Snoopy
begrüßen sie wiehernd.
So als wären Paula und Sine
gar nicht weg gewesen.

Behutsam knabbert Snoopy
an der Möhre in Sines Hand.

„Ich hab dich so vermisst!",
murmelt Paula
und legt die Arme
um Sternschnuppes Hals.

## 2. Auf zum Mühlenhof!

„Hallo, ihr beiden!", ruft Jan.
„Das ging ja schnell
mit dem Umziehen!
Da können wir ja gleich losreiten!"
Er hilft den Mädchen beim Aufsatteln.

Sie führen die Ponys aus dem Stall,
und Jan erklärt den beiden Mädchen,
weshalb sie zur alten Mühle reiten.

„Ihr erinnert euch doch an Grete,
die Bäuerin vom Mühlenhof?
Sie hat eben angerufen,
weil sie ein Problem
mit einem Pony hat.
Es scheint ziemlich einsam zu sein,
seit die anderen Pferde weg sind."

„Sind Gretes Pferde weggelaufen?",
erkundigt sich Sine erschrocken.

„Nein!", sagt Jan und lacht.
„Die waren praktisch nur Hotelgäste.
Leute aus der Stadt haben sie
den Sommer über
auf dem Mühlenhof eingestellt,
weil sie verreisen wollten."

„Ist der Mühlenhof
eine Art Pferdehotel?",
fragt Paula.

„Das war er einmal.
Früher hatten sie
auf dem Mühlenhof viele Pferde.
Eigene und auch Gastpferde",
erklärt Jan.

„Aber der Mühlenbauer
ist im letzten Jahr gestorben.
Und jetzt schafft Grete
die viele Arbeit nicht mehr!"

Die Felder sind schon abgeerntet.
Da können die drei querfeldein reiten.

Hinter den Brombeer-Hecken
taucht jetzt in der Ferne
die alte Windmühle auf.

„Sie mahlt längst kein Mehl mehr.
Jetzt wohnt ein Maler
im Mühlenhaus",
erklärt Jan.

„Er mahlt nicht,
er malt, ohne h!",
ruft Paula und kichert vergnügt.

Sie biegen rechts ab.
Der breite Sandweg
in der Birkenallee
führt direkt zu Gretes Bauernhaus.

Grete Groß ist mit ihrem Hund im Garten
und schneidet die Rosen
vor dem Haus.

„Das ging aber schnell!",
sagt sie zu Jan.
„Ich hab doch gerade erst
bei euch angerufen!"

„Ja, wir sind eine schnelle Truppe",
versichert Jan
und steigt aus dem Sattel.
„Wo ist denn dein Sorgenkind?"

„Da hinten", sagt Grete.
Sie zeigt auf ein geschecktes Pony,
das mit gesenktem Kopf
am hinteren Zaun der Koppel steht.

„Tommy, komm!", ruft Grete
und schnalzt mit der Zunge.
Aber das Pony
schüttelt nur die Mähne.
Dann hebt es den Kopf
und sieht traurig herüber.

## 3. Tom ist unglücklich

„Man sieht echt,
dass er total unglücklich ist",
findet Paula.
„Ja, Tom ist
richtig schüchtern geworden,
seit er allein ist", sagt Grete.

„Vielleicht hat er auch Heimweh?
Wem gehört er denn?",
fragt Sine.

„Einem Mädchen aus Hamburg.
Aber die hat sich zuletzt
nicht mehr viel um ihn gekümmert",
erzählt Grete.

„Das ist gemein", murmelt Paula.
„Wenn man ein Pony hat,
ist man auch dafür verantwortlich."

„Da hast du recht", seufzt Grete.
„Darf ich zu ihm hin?", fragt Paula.
„Gern", sagt Grete.

Paula bückt sich.
Sie hebt einen Apfel auf,
der unter dem Baum im Gras liegt.

„Komm!", fordert sie Sine auf.
Flink klettern die beiden Mädchen
über den Zaun der Koppel.

„Er wird weglaufen", befürchtet Grete,
die mit Jan das Ganze beobachtet.
„Tommy ist total scheu geworden."

„Was geschieht jetzt mit ihm?",
erkundigt sich Jan.
„Die Eltern des Mädchens
haben gestern Abend angerufen.
Sie ziehen nach Venedig.
Da ist für Tom kein Platz."

„Deshalb hast du Mama angerufen,
ob wir uns nicht
um ihn kümmern können",
sagt Jan.
Grete nickt.
„Vielleicht schafft ihr es ja,
ihn aufzumuntern!"

Paula und Sine versuchen,
an das Pony heranzukommen.
Leider vergeblich!
„Er ist wirklich scheu", sagt Jan,
der die beiden Mädchen beobachtet.
„Wenn Paula es nicht schafft,
wer dann?"

Enttäuscht kommen
Paula und Sine zurück.
„So ein schüchternes Pony
hab ich noch nie gesehen",
sagt Paula.

„Es lässt sich nicht streicheln",
klagt Sine.
„Es nimmt nicht einmal
meinen Apfel!", ergänzt Paula.

„Kein Grund, traurig zu sein!",
tröstet Jan die beiden.
„Was Tom fehlt, sind Freunde!"
Dann sagt er zu Grete:
„Wir kümmern uns um Tom!
Wir bringen ihn morgen
zu unseren Pferden auf die Koppel!"

## 4. Der Neue

Aber die anderen Pferde
von Tante Elfie
denken nicht daran,
sich gleich mit dem fremden Pony
anzufreunden.

Sie stehen in Gruppen zusammen
und sehen neugierig zu ihm hin.
Neugierig – und ein wenig
von oben herab.

„Es sieht fast so aus,
als würden sie über ihn lästern",
sagt Sine zu Pia, Jakob
und den anderen Ponyhof-Kindern.
„Keiner geht zu ihm hin."

Das schüchterne Pony
verzieht sich in die hinterste Ecke.

Pia guckt nachdenklich.
Dann sagt sie zu Jakob:
„So ist es mir auch gegangen,
als ich nach dem Umzug
in eure Klasse kam.
In der Pause stand ich ganz allein
in einer Ecke auf dem Schulhof."

„Aber dann hab ich dir
den Pferde-Aufkleber geschenkt.
Und seitdem sind wir Freunde.
Pferdefreunde", sagt Jakob und lacht.

„Seht mal, Paula gibt nicht auf!",
ruft Pia und deutet auf Paula.
Paula geht jetzt mit einer kleinen Tüte
voller Apfelstückchen
auf Tom zu.

„Mit Pferde-Aufklebern hätte sie
bei Tom sicher kein Glück",
schmunzelt Jakob.

Nein, Paula gibt wirklich nicht
so schnell auf!
„Komm, Tommy, komm!",
lockt sie das Pony immer wieder.
Sie hält Tom die ausgestreckte Hand
mit einem saftigen Apfelstück hin.

Endlich zeigt Tom Interesse.
Er bläht die Nüstern
und hebt den Kopf.
Langsam, ganz langsam
nähern sich seine weichen Lippen
dem Leckerbissen.

Und dann nimmt er
noch ein Apfelstückchen.
Und noch eines.

Paula redet dabei leise auf ihn ein.
Dann streichelt sie ihn am Hals.
Schließlich nimmt sie Tom am Halfter
und bringt ihn
zu den anderen Ponys.

## 5. Neue Freunde?

Sternschnuppe ist eifersüchtig.
Sie mustert Paula
ziemlich argwöhnisch.
Was macht die für ein Theater
mit dem fremden Pony?

Aber dann bringt Paula
auch Sternschnuppe
ein paar Apfelstückchen.
Paula streichelt sie
und erklärt ihr alles.
Sternschnuppe schnaubt freundlich.

Paula führt Sternschnuppe
auf Tom zu.
Der erschrickt und will weglaufen.
„Halt, hiergeblieben!",
ruft Paula und hält ihn fest.
„Das sind doch
deine neuen Freunde."

Die beiden beschnuppern sich
vorsichtig, ganz vorsichtig.
Endlich!

„Das hast du super gemacht!",
lobt Jan seine kleine Cousine.

„Ich hab Sternschnuppe gesagt,
sie soll sich ein bisschen
um den Neuen kümmern!",
sagt Paula und lacht vergnügt.

„Sieht ja fast so aus,
als hätte sie das verstanden!",
staunt Jan.

Tom und Sternschnuppe
laufen zu der Pferdegruppe
an der Tränke unter den Eichen.
Aber noch macht die Gruppe
für den Neuen keinen Platz.

## 6. Tom hat ein neues Zuhause

Es dauert noch ein paar Tage,
bis auch die anderen Ponys
das neue Pony akzeptieren.
Dann plant Jan
den ersten Ausritt.

„Beim ersten Mal
werde ich Tom reiten!", sagt Jan.
„Man kann nie wissen,
wie er sich in der Gruppe verhält."

Aber Tom läuft wunderbar
in der Gruppe mit.

„Es ist, als ob er schon immer
dabei gewesen wäre",
sagt Paula zu Sine.

Beim nächsten Ausritt
besuchen sie Grete in der Mühle.

„Ihr kommt gerade recht.
Ich hab frischen Kuchen gebacken.
Der junge Maler aus der Mühle
hat heute Geburtstag."

Sie deutet auf den Apfelkuchen
auf dem Gartentisch.
„Der reicht für uns alle!"

Die Reiter binden die Pferde
am Zaun fest.
Kurz darauf sitzen alle
unter dem Apfelbaum
und lassen sich
Gretes Kuchen schmecken.

Die Pferde stehen friedlich
nebeneinander am Zaun
und naschen Löwenzahn.

Paula sieht hinüber und denkt daran,
wie Tom vor Kurzem noch scheu
am hinteren Rand der Wiese
gestanden hat.

Sie geht zu Tom
und bringt ihm einen Apfel.
Diesmal nimmt er ihn!

Grete steht mit Jan am Zaun
und sagt:
„Ich sehe,
dass Tom bei euch glücklich ist.
Und deshalb bin ich es auch!"

# Willkommen in der

## Büchersterne

### Rätselwelt

**Komm auch in meine Lesewelt im Internet.**

**www.LunaLeseprofi.de**

**Dort gibt es noch mehr spannende Spiele und Rätsel!**

Büchersterne-Rätselwelt

Hallo,
ich bin Luna Leseprofi und
ein echter Rätselfan!
Zusammen mit den kleinen
Büchersternen ⭐ habe ich mir
tolle Rätsel und spannende
Spiele für dich ausgedacht.

Viel Spaß dabei wünscht

Lösungen auf Seite 56–57

## Kannst du die Bilder den richtigen Sätzen zuordnen?

**Bild-salat**

 „Auspacken kannst du später."

 Jan hilft den Mädchen beim Aufsatteln.

 In der Ferne taucht die alte Windmühle auf.

 Paula gibt nicht auf.

# Büchersterne

1

2

3

4

## Wer bin ich?

# Kennst du meinen Namen? Schreibe ihn auf!

_ _ _ _ _ _ _ _ _

_ _ _ _ _ _ _ _ _

 _ _ _ _ _

**Wer kommt zuerst beim Mühlenhof an?**

Woll-Wirrwarr

45

# Kannst du die Spiegelschrift erkennen?

Dachzimmer

Reithosen

**Mühlenhof**

Mein Tipp:
**Nimm einen Spiegel zu Hilfe!**

**Sternschnuppe**

Starte beim Dachfenster.

Zähle die Zacken auf dem Drachen und gehe so viele Seiten weiter.

Wie viele Rosen siehst du? Blättere so viele Seiten weiter.

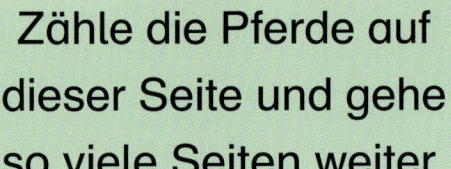

Zähle die Pferde auf dieser Seite und gehe so viele Seiten weiter.

Was hält Paula in der Hand?
Blättere zurück, bis du den
Gegenstand gleich dreimal siehst.

Wie viele Wörter beginnen
mit dem Buchstaben „e/E"?
Gehe so viele Seiten weiter.

Bist du bei uns
angekommen?

**Welche Wörter verstecken sich hier? Suche die passenden Buchstaben.**

```
A              A
N              P
G              F
☐   C   H  ☐   U        E
T              L         I
               P   O  ☐  Y
                        S
           P   A   U   L   ☐
                        M
```

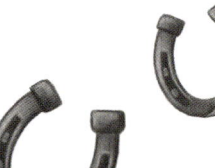

| T | A | N | T | E | E | L | F | I | E |
|---|---|---|---|---|---|---|---|---|---|
| B | D | S | K | P | Z | Ü | T | G | E |
| U | P | L | C | O | I | T | L | W | E |
| B | A | K | T | N | E | L | Z | Q | T |
| U | U | R | X | G | Q | S | L | C | O |
| F | L | D | R | E | V | B | C | A | M |
| G | A | T | G | S | I | N | E | B | M |
| S | G | E | S | L | C | F | E | A | Y |
| R | N | F | Z | D | Q | R | M | F | R |
| A | G | J | A | N | R | L | G | O | A |
| X | A | T | Y | L | M | A | H | G | E |

**Hier haben sich
5 Namen versteckt.
Findest du sie alle?**

Gitter-
Rätsel

# Spiel für zwei!
## Von wem frisst Tom zuerst vier Apfelstücke?

**Ihr braucht:**

1 **Würfel**
2 **Spielfiguren**
8 **Kieselsteine**

**Legt je vier Kiesel unten in euren Feldern ab. Würfelt abwechselnd! Landest du auf einem APFEL? Du darfst einen Stein wegnehmen. Wer keine Steine mehr hat, gewinnt!**

Paulas Freundin heißt

Snoopy knabbert an der

Die beiden Mädchen
klettern über den Zaun der

**Lunas Rätselwelt**

# Luna Leseprofi

Im Mühlenhaus wohnt jetzt ein

☐ ☐ ☐ ☐ ☐

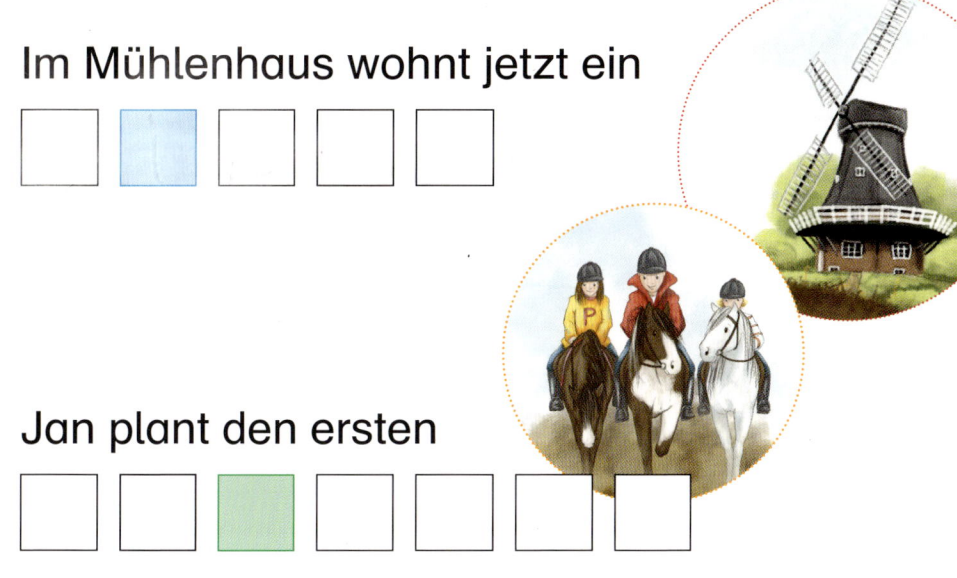

Jan plant den ersten

☐ ☐ ☐ ☐ ☐ ☐ ☐

**LÖSUNGSWORT:**

☐ ☐ ☐ ☐ ☐ ☐

**Mit dem LÖSUNGSWORT gelangst du in meine Lesewelt im Internet:**
**www.LunaLeseprofi.de**
**Dort warten noch mehr spannende Spiele und Rätsel auf dich!**

# Rätsel-Lösungen

## Alle Rätsel gelöst?
## Hier findest du die
## richtigen Antworten.

**Seite 50 · Wortkreuze**
Angst, Apfel, scheu
Pony, Paula, einsam

**Seite 51 · Gitter-Rätsel**
Tante Elfie, Sine, Jan, Paula, Tommy

**Seite 54-55 · Luna Leseprofi**
Gib dein Lösungswort im Internet unter
**www.LunaLeseprofi.de** ein. Wenn sich eine
Lesemission öffnet, hast du das Rätsel
richtig gelöst.

Büchersterne-Rätselwelt

# Büchersterne

**Seite 42-43 · Bildsalat**
„Auspacken kannst du später." = Bild 3
Jan hilft den Mädchen beim Aufsatteln. = Bild 4
In der Ferne taucht die alte Windmühle auf. = Bild 2
Paula gibt nicht auf. = Bild 1

**Seite 44 · Wer bin ich?**
Snoopy, Grete, Jan

**Seite 45 · Woll-Wirrwarr**
Kind A

**Seite 46-47 · Spieglein, Spieglein**
Dachzimmer, Reithosen, Mühlenhof, Sternschnuppe

**Seite 48-49 · Lese-Rallye**
Dachfenster → S. 6
10 Drachenzacken → S. 16
8 Rosen → S. 24
4 Pferde → S. 28
Apfelstück → S. 26
4 Wörter mit „e/E" → S. 30

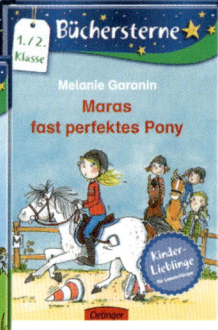

# Lustige Abenteuer
# mit Paula und Sine

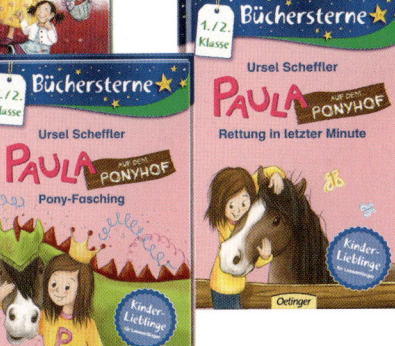

Das didaktische Konzept zu **Büchersterne**
wurde mit Prof. Dr. Manfred Wespel, Pädagogische Hochschule
Schwäbisch Gmünd, entwickelt.

FSC
www.fsc.org

MIX
Papier aus verantwor-
tungsvollen Quellen
FSC® C014138

© Verlag Friedrich Oetinger GmbH, Hamburg 2015
Alle Rechte vorbehalten
Titelbild und farbige Illustrationen von Julia Gerigk
Einband- und Reihengestaltung von Manuela Kahnt,
unter Verwendung der Sternvignetten von Heike Vogel
Wortmarke von Florian Gobetz, graphic-to-go.de
Druck und Bindung: Finidr, s.r.o., Tschechische Republik
Printed 2015
ISBN 978-3-7891-2387-0

www.oetinger.de